Impressum
Verlag: BABADADA GmbH, Nedderfeld 112 , 22529 Hamburg
Geschäftsführer / Verlagsleitung: Harald Hof
Druck: Books on Demand GmbH, In de Tarpen 42, 22848 Norderstedt

Imprint
Publisher: BABADADA GmbH, Nedderfeld 112 , 22529 Hamburg, Germany
Managing Director / Publishing direction: Harald Hof
Print: Books on Demand GmbH, In de Tarpen 42, 22848 Norderstedt, Germany

школа

قوتابخانە

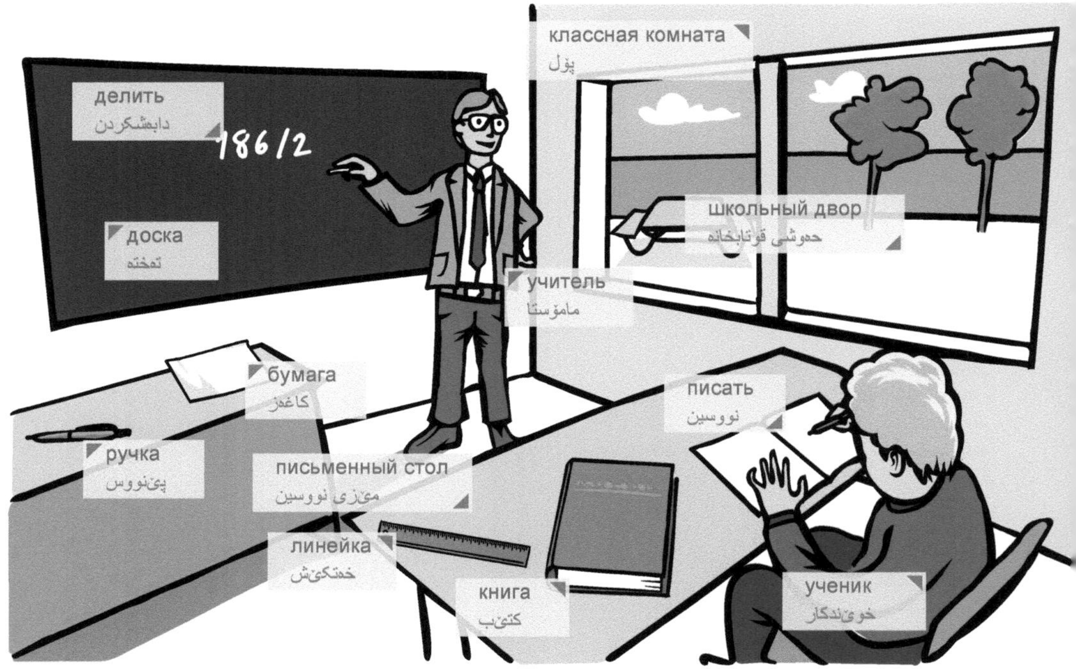
классная комната
پۆل
делить
دابەشکردن
186/2
доска
تەختە
учитель
مامۆستا
школьный двор
حەوشی قوتابخانە
бумага
کاغەز
писать
نووسین
ручка
پێنووس
письменный стол
مێزی نووسین
линейка
خەتکێش
книга
کتێب
ученик
خوێندکار

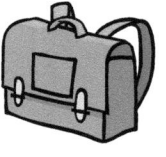

ранец

چەواڵ

пенал

جانتای پێنووس

карандаш

پێنووس

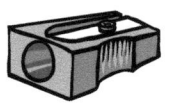

точилка

تیژکەرەوەی پێنووس

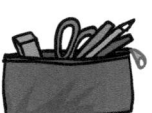

ластик

ڕەشکەرەوە

альбом для рисования

پەدی نیگارکێشان

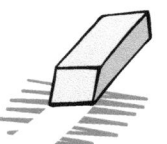

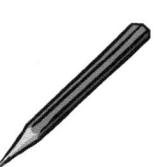

рисунок

نيگاركێشان

кисточка

فڵچمی رەنگ

коробка красок

قوتووی رەنگ

ножницы

مەقەست

клей

چەسپ، کەتیرە

тетрадь

کتێبی ڕاهێنان

домашняя работа

کاری ماڵەوە

цифра

ژمارە

прибавлять

زیدەکردن

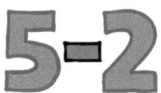

вычитать

کەمکردن

умножать

لێکدان

считать

حساب‌کردن، ژماردن

буква

پیت

алфавит

نەلفوبێ

слово

وشە

текст

قەد، واوسوسون

читать

خوێندنەوە

мел

چگ

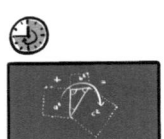

урок

سەدرد، خول

классный журнал

تۆماركردن

экзамен

تاقیکردنەوە، نەزمووون

диплом

بڕوانامە

школьная форма

جلی قوتابخانە

образование

پەروەردە

энциклопедия

زانیاری نامە

университет

زانکۆ

микроскоп

میکرۆسکۆپ

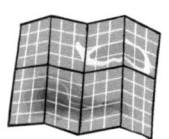

карта

نەخشە، خەریتە

корзина для бумаг

سەبەتەی کاغەز

путешествие

سەفەر

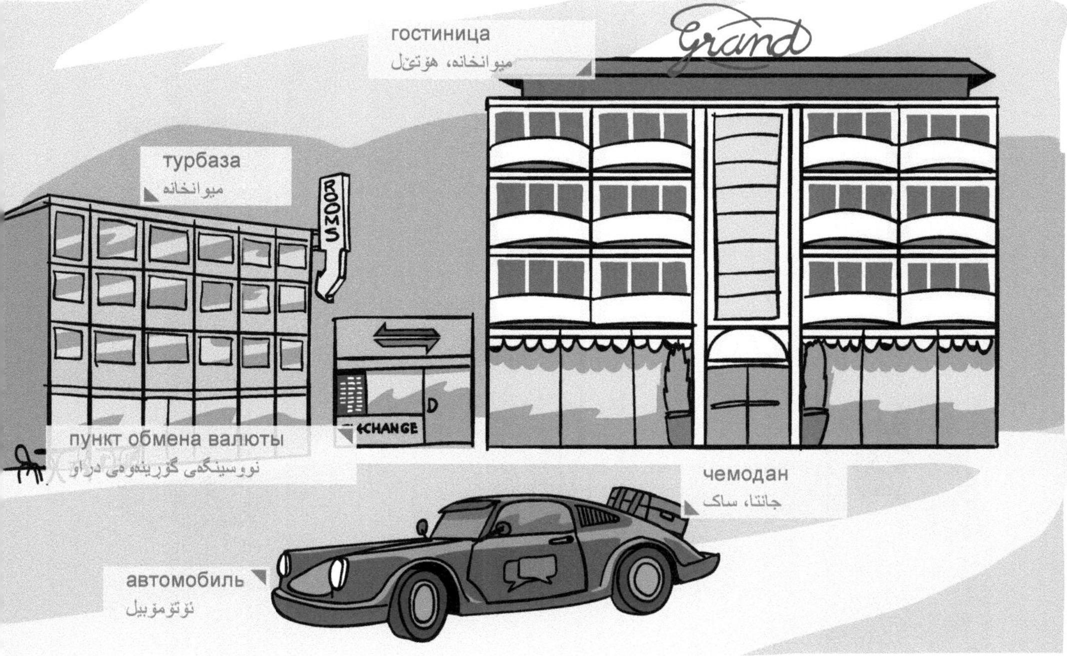
гостиница
میوانخانە، هۆتێل
Grand
турбаза
میوانخانە
ROOMS
EXCHANGE
пункт обмена валюты
نووسینگەی گۆڕینەوەی دراو
чемодан
جانتا، ساک
автомобиль
ئۆتۆمۆبیل

язык

زمان

да / нет

بەڵێ / نەخێر

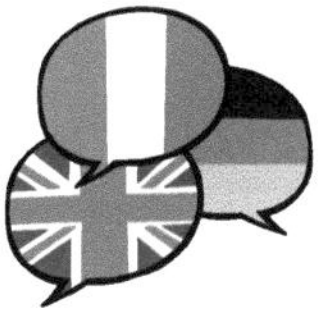

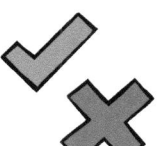

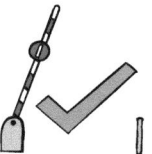

хорошо

باشە

Привет

سڵاو

переводчик

وەرگێڕی دەق

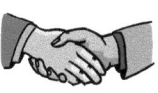

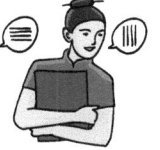

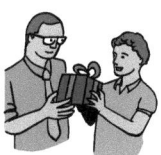

Спасибо

سپاس

Сколько стоит...?

بەچەندە؟ ...

Я не понимаю

من تێناگەم

проблема

کێشە

Добрый вечер!

ئێواره باش!

Доброе утро!

بەیانی باش!

Доброй ночи!

شەو باش!

До свидания

ماڵئاوا، بەخێرچی

направление

ئاراسته، ڕێژه‌و

багаж

جانتا

сумка

جانتا

рюкзак

کۆڵەپشتی

гость

میوان

комната

ژوور، دیو

спальный мешок

کیسەخەو

палатка

چادر، دەوار

туристическая информация

زانیاری بۆ گەشتیار

пляж

کەناراو

кредитная карточка

کارتی قەرز

завтрак

نانی بەیانی

обед

نانی نیوەڕۆ

ужин

نانی شەو

билет

بلیت

лифт

ئاسانسۆر

почтовая марка

پوول، تەمر

граница

سنوور

таможня

گومرک

посольство

بألویزخانە

виза

ڤیزا

паспорт

پاسپۆرت

самолёт
فرۆكە

корабль
كەشتى

пожарный автомобиль
ھەمكىنمى ئاگر كوژئەنەوە

автобус
باس

грузовик
لورى

моторная лодка
بەلەمى ماتۆرى

велосипед
دووچەرخە، پايسكل

автомобиль
ئۆتۆمۆبيل

паром

كەشتى گواستنهوه

лодка

بەلەمى ماتۆرى

мотоцикл

ماتۆر

полицейский автомобиль

ئۆتۆمبێلى پۆليس

гоночный автомобиль

ئۆتۆمبێلى پێشبڕكێ

арендованный
автомобиль
ئۆتۆمۆبيلى كرى

совместное пользование
автомобилями

نۆتۆمۆبیل ھاوبەشکردن

буксировочный
автомобиль

لۆری راکێشکردن

мусоровоз

لۆری زبڵ

двигатель

ماتۆر

топливо

سووتەمەنی

заправка

وێستگەی بەنزین

дорожный знак

تابلۆی ھاتووچۆ

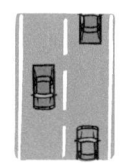

движение

ھاتووچۆ

пробка

ترافیک

автостоянка

شوێنی راگرتنی نۆتۆمۆبیل

вокзал

وێستگەی شەمەندەفەر

рельсы

ھێڵی ئاسن

поезд

شەمەندەفەر

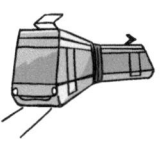

трамвай

قەتاری سەرشەقام

вагон

داشقە

вертолёт

هەلیکۆپتەر

аэропорт

فڕۆکەخانە

вышка

بورج

пассажир

رێبوار

контейнер

دەفر، کانتینەر

коробка

کارتۆن

тележка

داشقە

корзина

سەوەتە

взлетать / приземляться

هەڵفڕین / نیشتن

город

شار

деревня

گوند، دێهات

центр города

ناوەندی شار

дом

ماڵ، خانوو

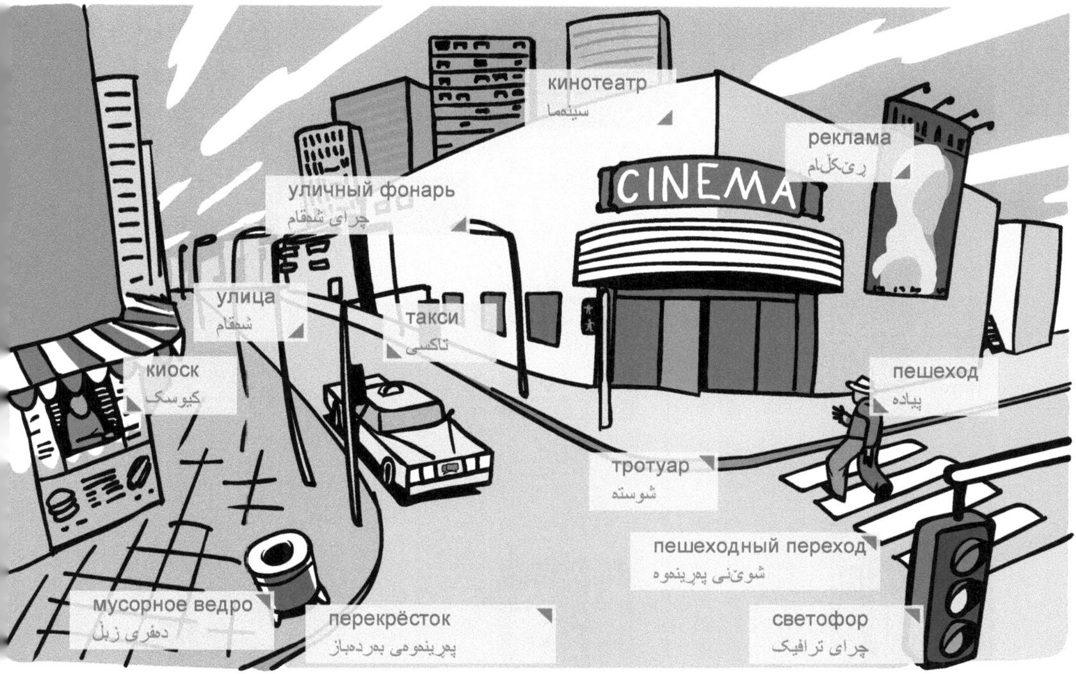
кинотеатр
سینەما
реклама
ڕێکلام
CINEMA
уличный фонарь
چرای شەقام
улица
شەقام
такси
تاکسی
киоск
کیوسک
пешеход
پیادە
тротуар
شوستە
пешеходный переход
شوێنی پەڕینەوە
мусорное ведро
دەفری زبڵ
перекрёсток
پەڕینەوەی بەردەباز
светофор
چرای ترافیک

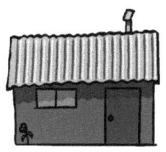

хижина

خانووچکە

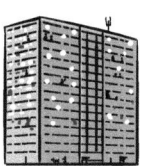

квартира

نهۆم، باڵەخانە

вокзал

وێستگەی شەمەندەفەر

ратуша

کۆشکی شارەوانی

MUSEUM

музей

مۆزەخانە

школа

قوتابخانە

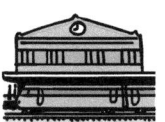

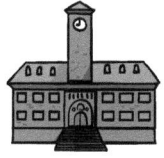

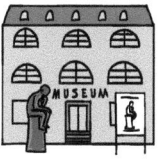

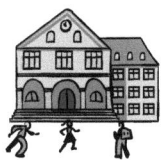

университет

زانكۆ

банк

بانک

больница

نەخۆشخانە، خەستەخانە

гостиница

میوانخانە، هۆتێڵ

аптека

دەرمانخانە

офис

نووسینگە، فەرمانگە

книжный магазин

كتێبفرۆشی

магазин

دووكان

цветочный магазин

گوڵفرۆشی

супермаркет

سوپەرماركێت

рынок

بازار

универмаг

فرۆشگا

торговец рыбой

ماسیفرۆش

торговый центр

ناوەندی كڕین

порт

بەندەر

парк

پارک

скамейка

کورسی دریژ

мост

پرد

лестница

پێ پێلکان

метро

ژێرزەمینی

тоннель

تۆنێل

автобусная остановка

وێستگەی پاس

бар

مەیخانە

ресторан

ڕێستۆرانت

почтовый ящик

سندووقی پۆست

табличка с названием улицы

تابلۆی شەقام

паркометр

پێوەری پارکینگ

зоопарк

باخچەی ئاژەڵان

бассейн

حەوزی مەلە

мечеть

مزگەوت

ферма

مەزرا

загрязнение окружающей среды

پیسبوونی ژینگە

кладбище

قەبرستان، گۆرستان

церковь

كەنيسە

детская площадка

شوێنی یاری

храм

پەرستگا

ландшафт

دیمەن

лист
گەڵا

дорожный указатель
تابلۆی ڕێنیشاندەر

дорога
ڕێگا

луг
مێرگ

камень
بەرد

дерево
دار

путешественник
شاخەوان

река
رووبار، چەم

трава
گژوگیا

цветок
گوڵ

долина

دۆل، شیو

гора

بەرزایی

озеро

دەریاچە

лес

دارستان

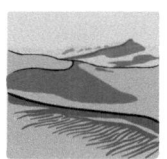

пустыня

چۆڵەوار

вулкан

بورکان

замок

قەڵا

радуга

کۆلکەزێرینە

гриб

کارگ

пальма

دارخورما

комар

مێشوولە

муха

مێشوولە

муравей

مێروولە

пчела

مێش هەنگوین

паук

جاڵجاڵووکە

жук

قالۇنچدا

лягушка

بۆق

белка

سمۇره

еж

ژیشک

заяц

كەروىئشكە كیۆوی

сова

كۇندا

птица

بالھندە

лебедь

قازی سپی

кабан

بەرازی كیۆوی

олень

ئاسک

лось

بزنە كیۆوی

плотина

بەندداو

ветряной генератор

تۇربیینی با

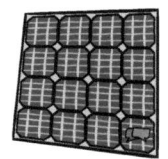

солнечная батарея

پەرەی خۆری

климат

ناووھەوا

официант
خزمەتكار

меню
لىستە، پېرىست

стул
كورسى

суп
سوروپ، شۆرباۋ

пицца
پىتزا

столовые приборы
چقۇق و چەتال

скатерть
سفرە

закуска

خواردنى دەستپێكى

главное блюдо

خواردنى سەرەكى

десерт

دىسېرت

напитки

خواردنەوە

еда

خواردن

бутылка

بوتڵ

фастфуд

خواردنی خێرا

уличная еда

خواردنی سەرشەقام

чайник

قۆری

сахарница

قوتووی شەکر

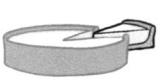

порция

بەش

кофеварка

ئامێری سازکردنی قاوەی ئیسپرەسۆ

детский стульчик

کورسی بەرز

счет

وەسڵ

поднос

فەشمە

нож

چەقۆ

вилка

چنگاڵ

ложка

کەوچک

чайная ложка

کەوچکی چا

салфетка

دەسماڵ

стакан

لیوان، پەرداخ

ресторан - رێستۆرانت

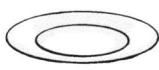

тарелка

قاپ، ھدورى، ھدپرف

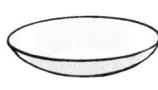

суповая тарелка

قاپ یشؤربواپ

блюдце

ھلئپرپ ژ

соус

سؤس

солонка

نادئخ، نان

мельница для перца

رار، ھرھرى بيپ

уксус

سركد

масло

نؤر

специи

تاھبيھ

кетчуп

ھدؤشؤى واوئت، سؤس یتمامت ھدامت

горчица

د راتستؤم یسى سؤس

майонез

زنئياوؤسى زنؤياماي یسؤس

супермаркет

سوپەرمارکێت

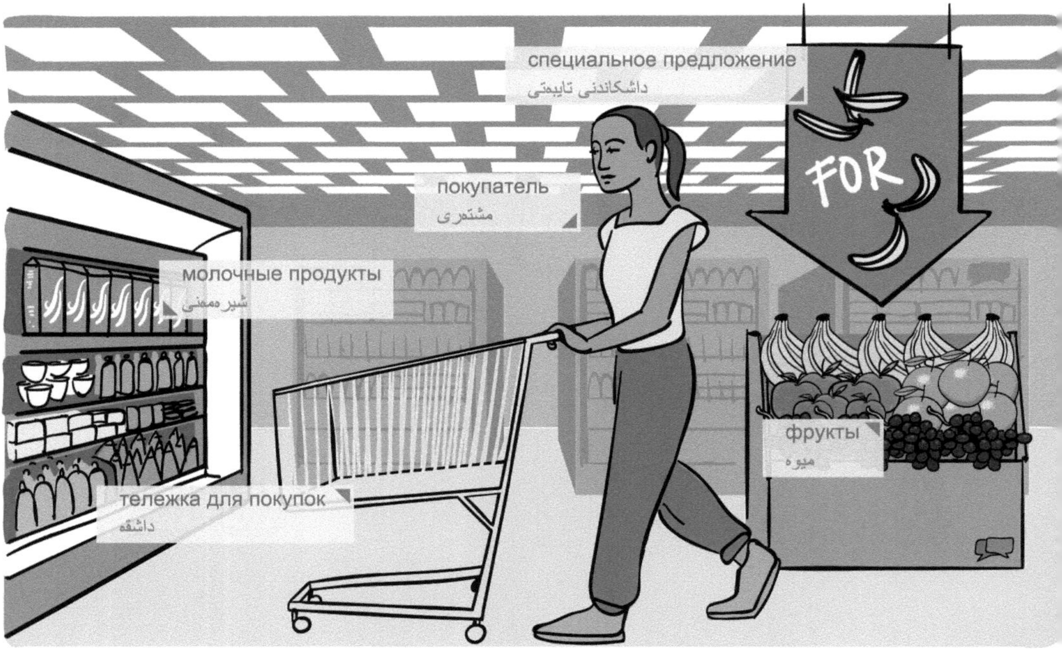

специальное предложение
داشکاندنی تایبەتی
FOR
покупатель
مشتەری
молочные продукты
شیرەمەنی
фрукты
میوە
тележка для покупок
داشقە

BUTCHERS

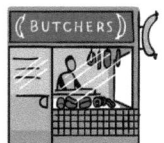

мясной магазин

دووکانی قەسابی

BAKERY

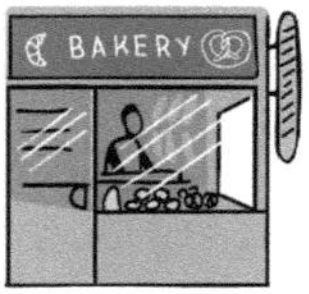

пекарня

نانەواخانە

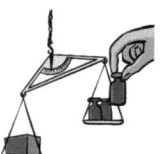

взвешивать

کێشان

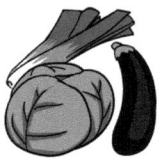

овощи

سەوزی

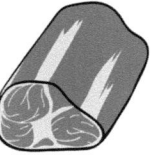

мясо

گۆشت

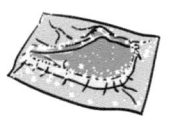

быстрозамороженные продукты

خواردنی بەستوو

нарезка

گۆشتی سارد

консервы

خواردنی کونسێرو

стиральный порошок

دەرمانی بشۆر

сладости

شیرینی

предмет домашнего обихода

بەرهەمی خۆمالّی

моющее средство

بەرهەمی خاوێنکردنەوە

продавщица

فرۆشیار

касса

ژمێردەر

кассир

ژمێریار، خەزنەدار

список покупок

لیستی کڕین

время работы

کاتی دەوام

бумажник

کیسەباخەلّ، جزدان

кредитная карточка

کارتی قەرز

сумка

توورەمکە، کیسە

полиэтиленовый пакет

توورەمکە

вода

ناو

сок

شەربەت

молоко

شیر

кока-кола

خەڵووز

вино

شەراب

пиво

بیرە

алкоголь

نەڵكۆل

какао

كاكاو

чай

چایی، چا

кофе

قاوە

эспрессо

قاوەی ئێسپرەسۆ

капучино

كاپۆچینۆ

банан

مۆز

яблоко

سێو

апельсин

پرتەقاڵ

арбуз

کاڵەک

лимон

لیمۆ

морковь

گێزەر

чеснок

سیر

бамбук

حەیزەران

лук

پیاز

гриб

کارگ

орехи

سەمموونە، گوێز، ناوکە

лапша

نوودڵ

спагетти

ماکارۆنی

рис

برینج

салат

زەلاتە

картофель фри

چپس

жареный картофель

پەتاتەی برژاو، پەتاتەی سوورۆکراو

пицца

پیتزا

гамбургер

هەمبرگێر

сэндвич

ساندویچ، دۆندرمە

шницель

پارچە گۆشت

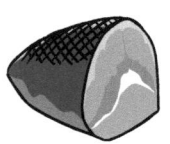

ветчина

گۆشتی بەراز

салями

گۆشتی بەراز

колбаса

سۆسیس

курица

مریشک

жаркое

برژاندن، نرژان

рыба

ماسی

овсяные хлопья

شۆرباوی ساوار

мюсли

دانەوێڵەی تێکەڵ

кукурузные хлопья

دانەوێڵەی دانەوێڵە

мука

دار د

круассан

کرۆسانت، نانێکی فەڕەنسی

булочка

نانی خڕ

хлеб

نان

тост

نانی برژاو

печенье

بسکێیت

масло

کەرە، رۆنی کەرە

творог

سەرتوێژ، توێژ

пирог

کێیک

яйцо

هێلکە

яичница

هێلکەی برژاو

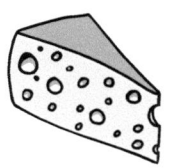

сыр

پەنیر

мороженое

بەستەنی، دۆندرمە

сахар

شەکر

мёд

هەنگوین

мармелад

مرەبا

крем с нугой

خامەی نۆگات

карри

بەهارات

ферма

مەزرا

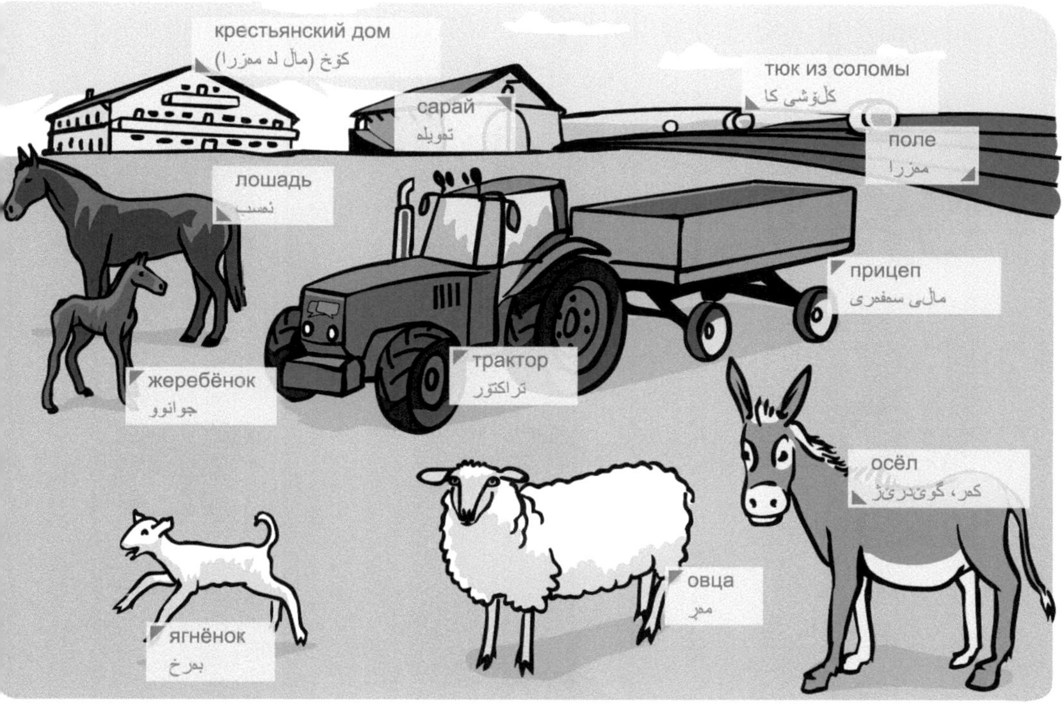

крестьянский дом
كۆخ (ماڵ له مەزرا)
сарай
تەویله
тюк из соломы
كڵۆشی كا
поле
مەزرا
лошадь
ئەسب
прицеп
ماڵی سەفەری
трактор
تراکتۆر
жеребёнок
جوانوو
осёл
کەر، گوێدرێژ
овца
مەڕ
ягнёнок
بەرخ

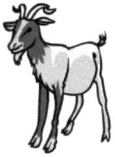

коза

بزن

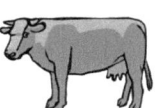

корова

مانگا

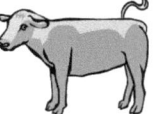

телёнок

گوێلک

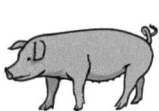

свинья

بەراز

поросёнок

فەرخە بەراز

бык

جوانەگا

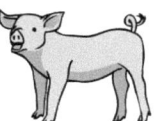

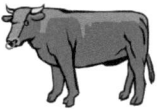

гусь

قاز

утка

مراوی

цыплёнок

جووچک

курица

مريشک

петух

کەلمشیر

крыса

جرج

кошка

پشیله

мышь

مشک

вол

گا

собака

سەگ ، سەگ

конура

کونەسە

садовый шланг

سۆندە

лейка

تونگەی ناودان

коса

مأهغان

плуг

گاسن

серп

داس

мотыга

مەرە

навозные вилы

شەنە

топор

تمور

тачка

عارەبانەی دەستیی

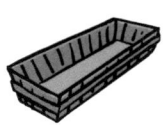

корыто

دەفری خواردنی ئاژەڵان

бидон для молока

دەفری شیر

мешок

تەلیس

забор

پەرژین

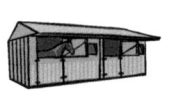

хлев

تەویلە

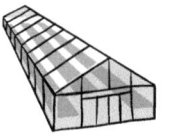

теплица

گوڵخانە

почва

خۆڵ

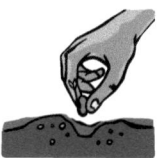

посев

دەنک، تۆک

удобрение

پەین

комбайн

کۆمباین

собирать урожай

دروێنەکردن

урожай

خەرمان

ямс

پەتاتە

пшеница

گەنم

соя

لووبیا، فاسۆلیا

картофель

پەتاتە

кукуруза

گەنمەشامی

рапс

جۆرێک دەخلودان

фруктовое дерево

داری بەری

маниок

سێوبنەمەرزیلە

злаки

دانەوێڵەی تێکەڵ

дымоход
دووکهڵکێش

крыша
سهربان

водосточный желоб
بۆری ئاو

окно
پهنجهره

гараж
گهراژ

звонок
زهنگی دهرگا

дверь
دهرگا

мусорное ведро
دهفری زبڵ

почтовый ящик
سندووقی نامه

сад
باخ

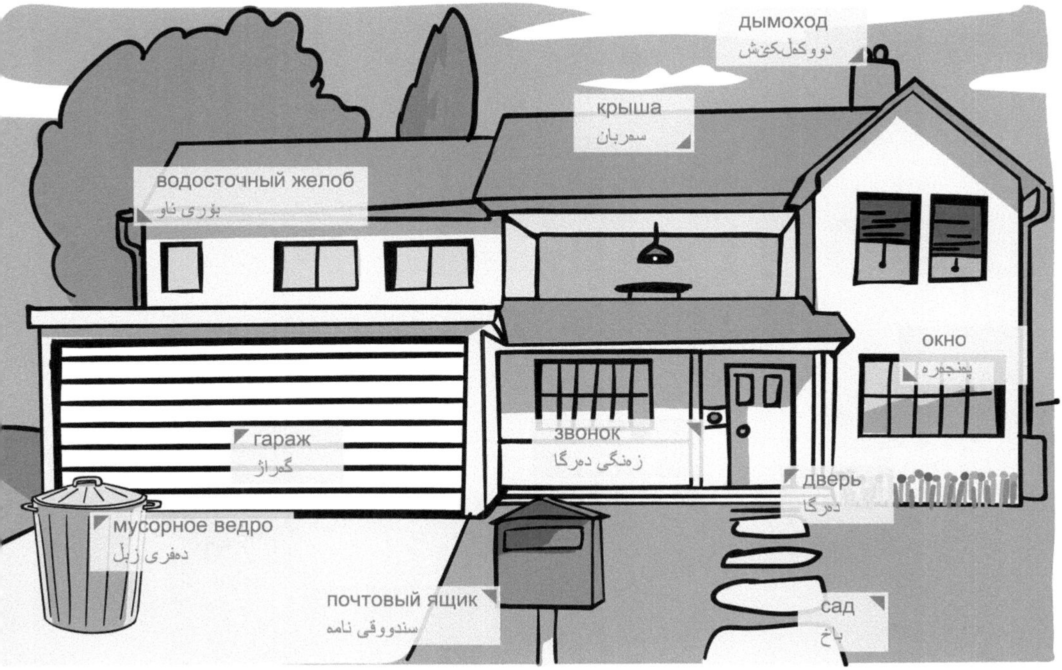

гостиная

ژووری دانیشتن

ванная комната

حهمام، ناودهستخانه

кухня

چێشتخانه

спальня

ژووی خهو

детская комната

ژووری مندال

столовая

ژووری نانخوارن

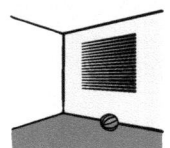

пол

دالان، نمرز

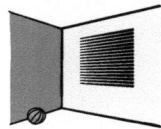

стена

راوید

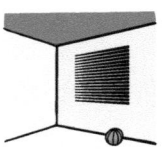

потолок

چيم نب

подвал

ژيرزمين

сауна

ساونا

балкон

بالكون، هيوان

терраса

هيوان

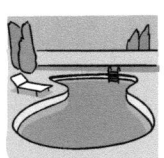

бассейн

حوز، ملموانگه

газонокосилка

گژوگيابر

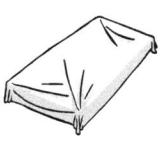

пододеяльник

ملافه

покрывало

ملافهى نوين

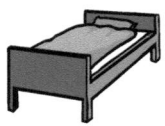

кровать

پيخدف، نوين

метла

گسک

ведро

سمتل

выключатель

سويچ، كليل

гостиная

ژووری دانیشتن

обои
کاغەزی دیواری
рисунок
وێنە
лампа
لامپ، چرا، گڵۆپ
полка
ڕەفە
шкаф
کۆمێد
телевизор
تەلەفیزیۆن
камин
ناگردان
цветок
گوڵ
подушка
باڵەنج، سەرین
диван
سۆفا
ваза
گوڵدان
пульт дистанционного управления
کۆنترۆڵ لە ڕێگەی دوور

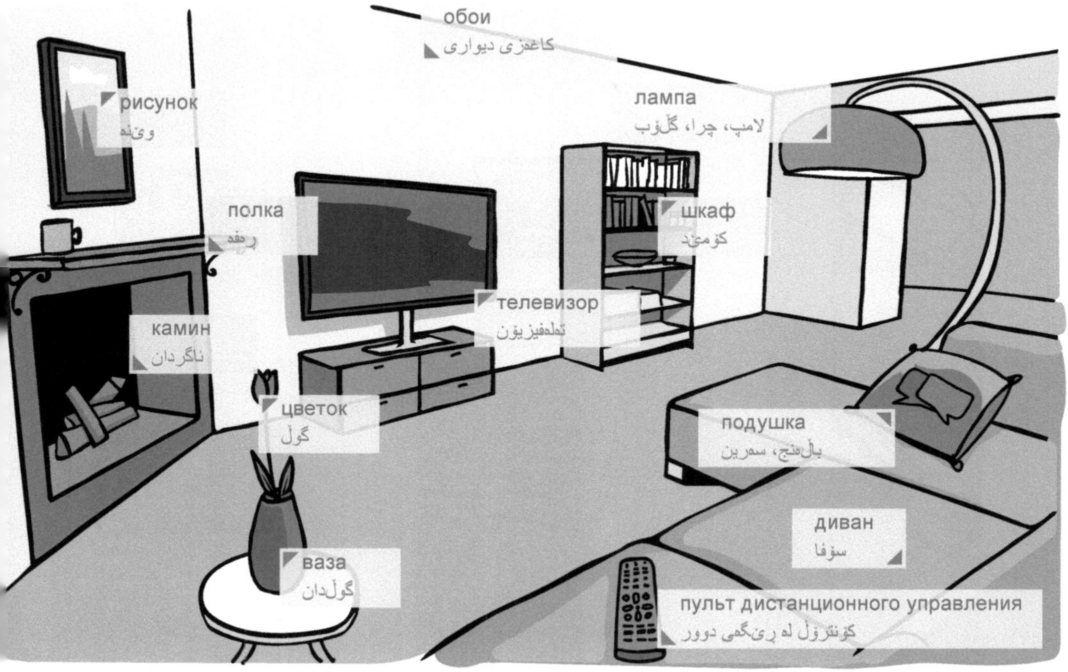

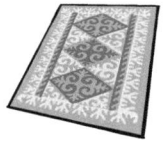

ковёр

فەرش

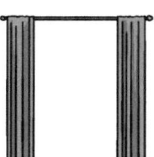

штора

پەردە

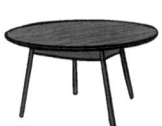

стол

مێز

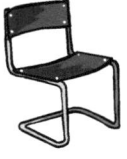

стул

کورسی

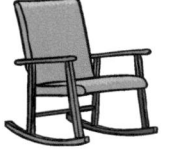

кресло-качалка

کورسی ڕاژاندن

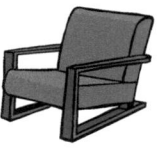

кресло

کورسی دەسکدار

книга

كتێب

покрывало

پەتوو، بەتانیی

украшение

رازاندنەوە

дрова

داری سووتاندن

фильм

فیلم

стереосистема

ستێریۆ

ключ

کلیل

газета

رۆژنامە

картина

نیگار، نیگارکێشان

плакат

پۆستەر

радио

رادیۆ

блокнот

تیانووس

пылесос

گسکی کارەبایی

кактус

کاکتووس

свеча

مۆم

кухня

چێشتخانە

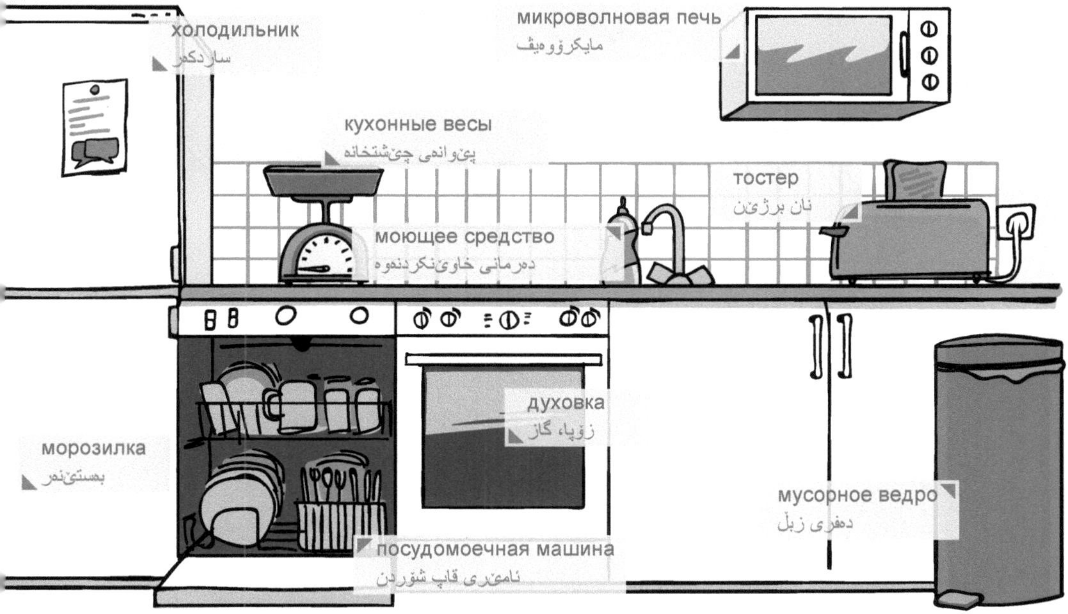
холодильник
ساردکەر
микроволновая печь
مایکرۆوەیڤ
кухонные весы
پێوانەی چێشتخانە
тостер
نان برژێن
моющее средство
دەرمانی خاوێنکردنەوە
духовка
زۆپا، گاز
морозилка
بەستێنەر
мусорное ведро
دەفری زبڵ
посудомоечная машина
ئامێری قاپ شۆردن

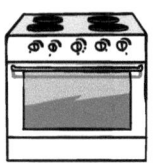

плита

چێشتلێنەر

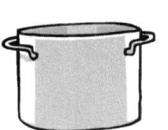

кастрюля

مەنجەڵ

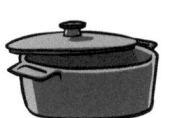

чугунный котелок

قاپی ئوتوو

вок / кадай

تاوەی قووڵ

сковорода

تاوە

чайник

کتری، ئاوگەرمکەر

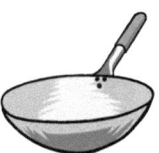

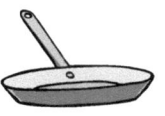

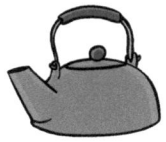

пароварка

چۆشتنلىنرى ھەلمى

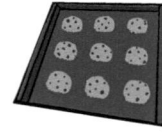

противень

كەشمفى نانكردن

посуда

قاپ و قاچاغ

кружка

كۆپ

миска

قاپ

палочки для еды

چىلكمى نانخواردن

половник

نەسكوى

лопатка

كەوگير

сбивалка

گسك

сито

سووزمە

сито

بىژنگ

тёрка

نامەرى جنىنى پەنىر و سەوزە

ступка

دەستار

гриль

برژاندن

костёр

ناگر

доска

تەختەی وردکردن

скалка

تیرۆک

штопор

بورغی فلین

жестяная банка

قوتوو

консервный нож

قوتووکەرەوە

прихватка

دەسمی مەمنجدل

раковина

دەسشۆر

щетка

فڵچە

губка

ئیسفەنج

миксер

تێکەڵکەر

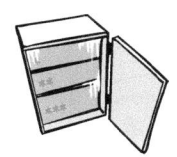

морозильная камера

قەرەسیی

бутылочка для кормления

شووشە شیر

кран

شیری ناو

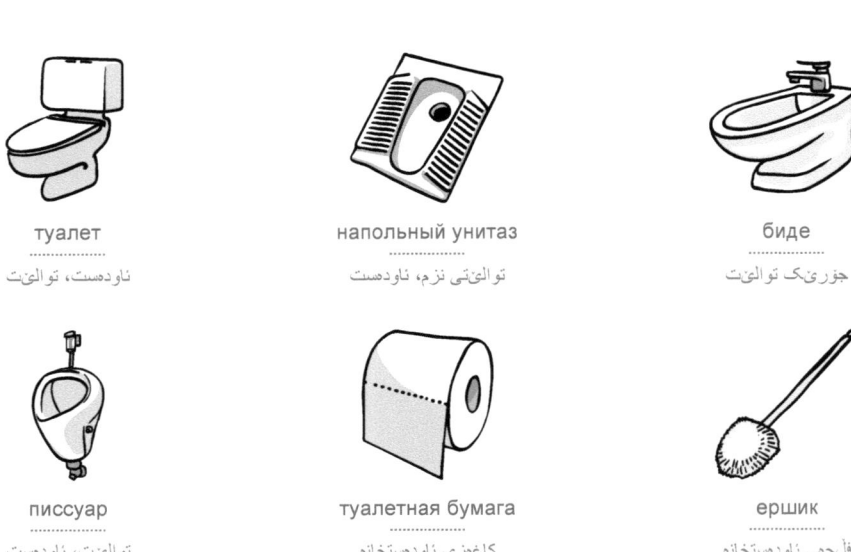

ванная комната

حەمام، ئاودەستخانە

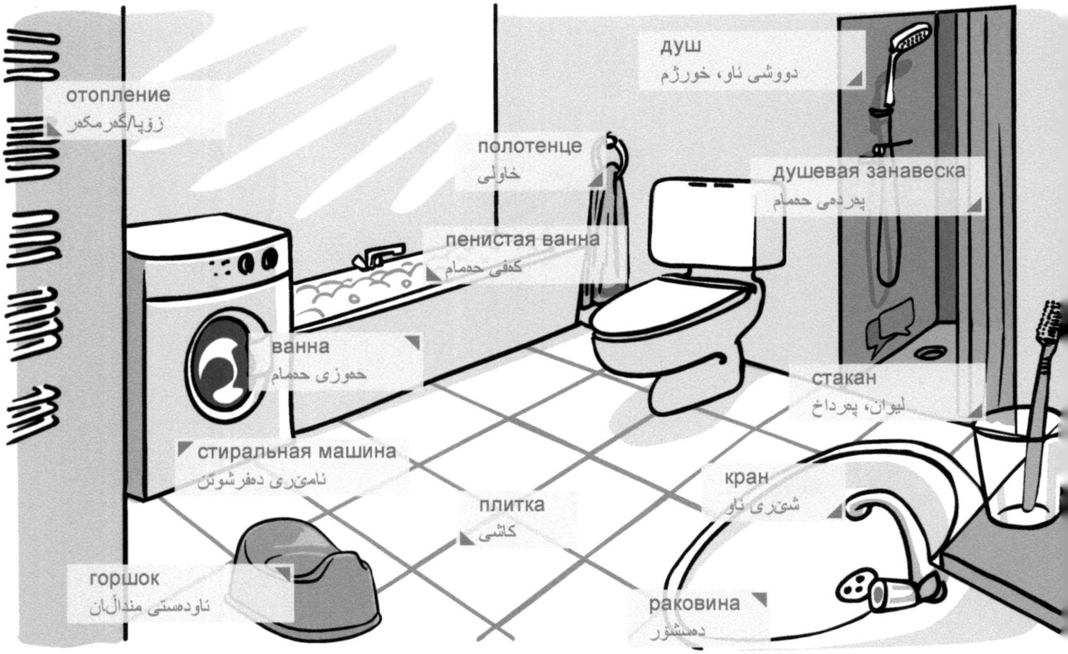

отопление
زۆپا/گەرمکەر
полотенце
خاولی
душ
دووشی ئاو، خورژم
душевая занавеска
پەردەی حەمام
пенистая ванна
کەفی حەمام
ванна
حەوزی حەمام
стакан
لیوان، پەرداخ
стиральная машина
ئامێری دەفرشۆتن
кран
شێری ئاو
плитка
کاشی
горшок
ئاودەستی منداڵان
раковина
دەستشۆر

туалет

ئاودەست، توالێت

напольный унитаз

توالێتی نزم، ئاودەست

биде

جۆرێک توالێت

писсуар

توالێت، ئاودەست

туалетная бумага

کاغەزی ئاودەستخانە

ершик

فڵچەی ئاودەستخانە

зубная щетка

فلّچهى ددان

зубная паста

خمميرى ددان

зубная нить

بهنى ددان

мыть

شۆردن، شوتن

ручной душ

خورژمى دهستى

интимный душ

دووش

таз

كاسهى دهستوچاوشوتن

щетка для спины

فلّچهى پشت

мыло

سابوون

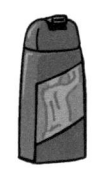

гель для душа

جيئلى خۆشوتن

шампунь

شامپوو

мочалка

فلانتیّل

сток

ناودهرۆ

крем

كریّم

дезодорант

بۆنخۆشكهره

зеркало

ناوئنه

ручное зеркало

ناوێنهى دهستی

бритва

ممکینهى ریش تاشین

пена для бритья

سابوونى ریش تاشین

лосьон после бритья

کرێمى دواى ریش تاشین

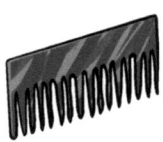

расческа

شانه

щетка

فلچه

фен

سێشوار، سهرنێشککردهوه

лак для волос

سپرهى قژ

косметика

سووراوسپیاو

губная помада

سووراو

лак для ногтей

رهنگى نینۆک

вата

لۆكه

маникюрные ножницы

مهقهستى نینۆک

духи

عهتر

косметичка

كيسى حممام

табуретка

كورسى بى پشت

весы

پيوهر

халат

خاولى حممام

резиновые перчатки

دستدوانهى چرم

тампон

تامپۆن

гигиеническая прокладка

خاولى خاوئنكردنموه

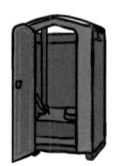

биотуалет

ناودهستى كيميايى

детская комната

ژووری منداڵ

будильник
سەعاتی زەنگدار
мягкая игрушка
گەمەی شیرن
игрушечный автомобиль
ماشێنی یاری
погремушка
شەقشەقەی منداڵ
кукольный домик
خانووی بووکەشووشە
подарок
دیاری

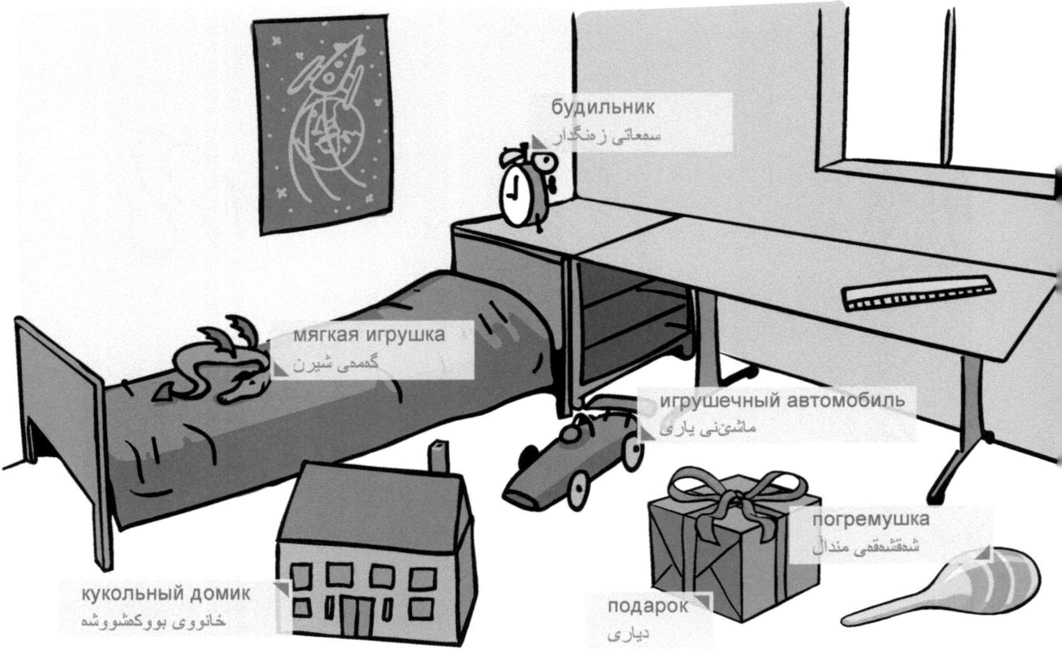

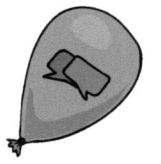

воздушный шар

باڵۆن

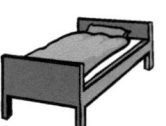

кровать

پێخەف، نوێن

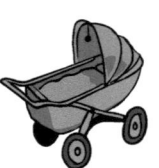

детская коляска

داشقەی منداڵ

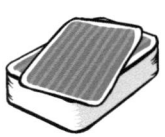

карточная игра

گەمەی کارت

пазл

مەتەڵ، مەتەڵۆک

SUPER
MEGA

комикс

کۆمێدی

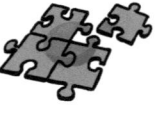

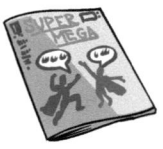

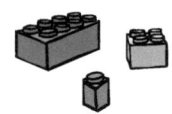

кирпичики Лего

خشتی لێگۆ

кубики

خشتی یاری

игрушечная фигурка

بووکە شوشە

ползунки

جلی مندال

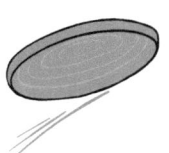

фрисби

یاری فریزبی

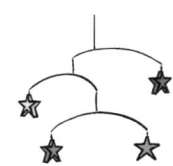

мобиле

بزۆک، جوولێنراو

настольная игра

یاری تەختە

кубик

مۆرە

модель железной дороги

مۆدێلی شەمەندەفەر

соска

مەمکە مژە

вечеринка

میوانی، جەژن

книга с картинками

کتێبی وێنەدار

мяч

تۆپ

кукла

بووکەشوشە

играть

کایە کردن، یاری کردن

песочница

قۆرتى خیزوخۆل

качели

جۆلانه

игрушка

کایەی مندالان، یاری مندالان

игровая приставка

گەمەی ڤیدیۆیی

трёхколесный велосипед

سێچرخه

плюшевый медвежонок

ورچی یاری

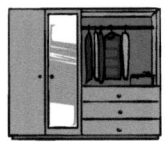

шкаф для одежды

کەمنتۆر

носки

گۆرەوی

чулки

گۆرەوی درێژ

колготки

گۆرەوی درێژ

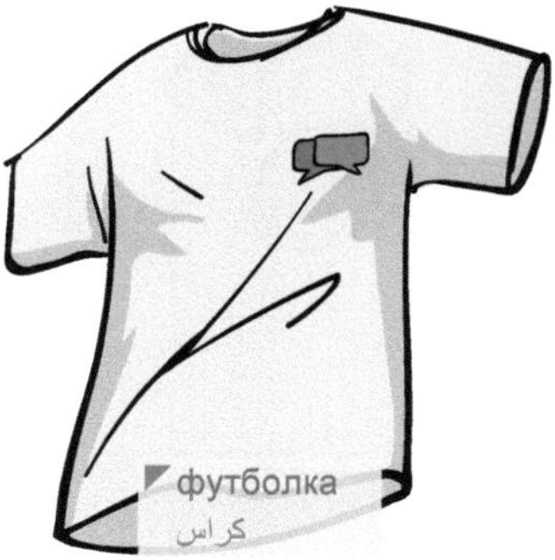

шарф
شاڵی مل

зонтик
چهتر

футболка
کراس

ремень
قایش، پشتێن

сапоги
چمکمه، پۆتێن

тапки
پێڵاوی مل

кроссовки
پێڵاو

сандалии
پاپوچ

ботинки
کەوش، پێڵاو

резиновые сапоги
چمکمەی چەرم

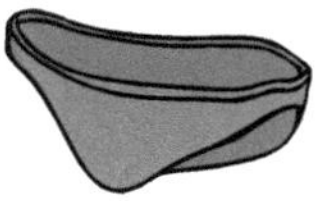

трусы
پانتۆڵی ژێرەوه

бюстгальтер
ستیان، سوخمه

майка
جلیسقه

боди

جەستە، لەش

брюки

پانتۆل

джинсы

پانتۆل

юбка

دامەن، تەنووره

блузка

كراس

рубашка

كراس

свитер

بلووز

свитер

بلووز

спортивная куртка

چاكەت

жакет

چاكەت

пальто

پاڵتە

плащ

بارانى

костюм

پۆشاك

платье

كراسى ژنانە

свадебное платье

جلى زەماوەند

мужской костюм

چاکمت و پانتول

ночная сорочка

جلی خەو

пижама

جلی خەو

сари

ساری

платок

لەمچکە

тюрбан

جەمەدانە، سەرپێچ

паранджа

بۆرکا

кафтан

کەفتان

абайя

عەبا

купальник

جل و بەرگی مەڵەکردن

плавки

پانتۆڵی مەلە

шорты

پانتۆڵی کورت

спортивный костюм

جلوبەرگی ڕاهێنان

фартук

بەروانکە، بەرکوشە

перчатки

دەستەوانە

пуговица

دوگمه

очки

چاویلكه

браслет

بازنه

цепочка

ملوانكه

кольцо

نەنگۆستیلە

серьга

گواره

шапка

كڵاو

вешалка

داری جل هەڵواسین

шляпа

كڵاو

галстук

بۆینباخ

застежка молния

زیپ

шлем

كڵاوی پارێزەر

подтяжки

هەڵگر

школьная форма

جلی قوتابخانه

форма

یەكپۆش

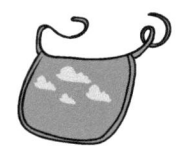

детский нагрудник

بەرلیکە، بەرکۆشی منداڵ

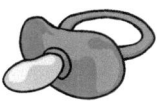

соска

مەمکە مژە

подгузник

دایبی، پەڕۆشۆر

офис

نووسینگە، فەرمانگە

сервер
ڕاژە
канцелярский шкаф
دۆلابی بەڵگە
бумага
کاغەز
принтер
چاپکەر
монитор
مۆنیتۆر، پیشانگەر
мышь
ماوس
письменный стол
مێزی نووسین
папка
بۆخچە
клавиатура
تەختەکلیل
корзина для бумаг
سەبەتەی کاغەز
компьютер
کۆمپیوتەر
стул
کورسی

кофейная кружка

کوپی قاوە

калькулятор

ژمێرەر

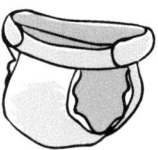

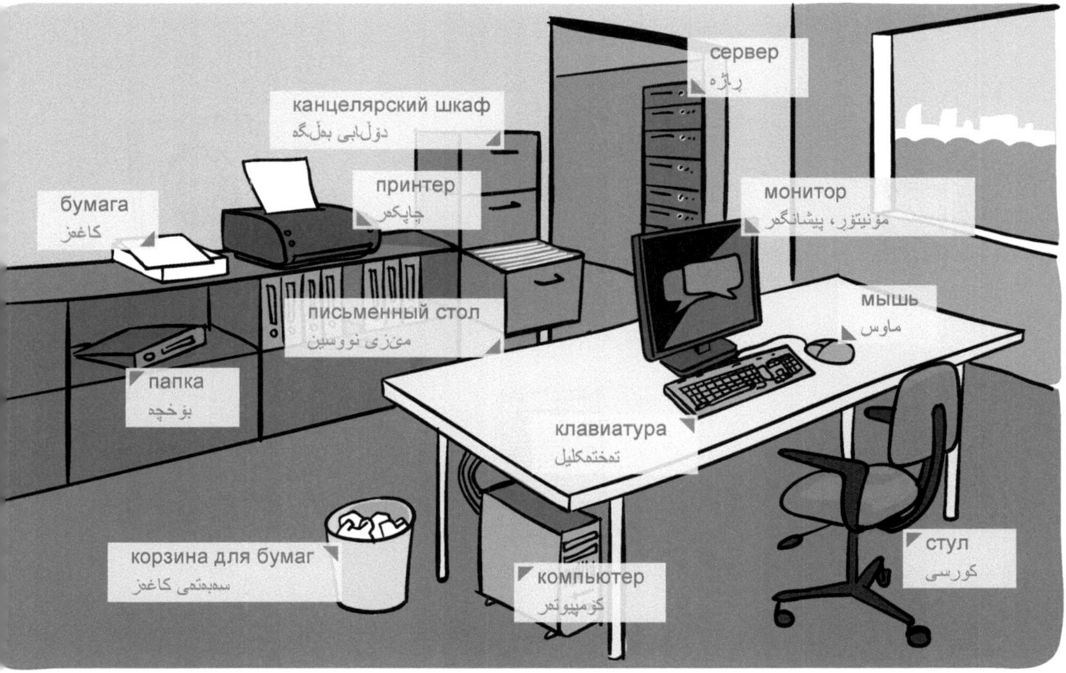

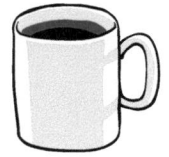

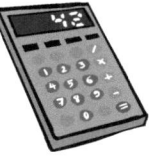

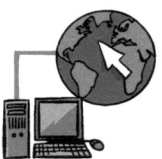

интернет

ئینتەرنێت

ноутбук

لەپتۆپ

письмо

نامە

сообщение

پەیام

мобильный телефон

مۆبایل، تەلەفۆنی دەست

сеть

تۆڕ

ксерокс

ئامێری لەبەرگرتنەوە، کۆپیکەر

программа

نەرمەکالا

телефон

تەلەفۆن

розетка

ساکێتی دووشاخە

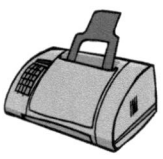

факс

ئامێری فەکس

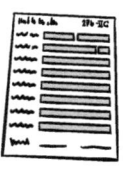

формуляр

فۆرم

документ

بەڵگە

نووسینگە، فەرمانگە - офис

покупать

كرين

платить

پارەدان

торговать

بازرگانى، ئالۇۇگۇرركردن

деньги

پارە، دراو

доллар

دۆللار

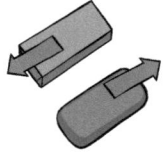

евро

يۇرۇ

иена

يەن

рубль

رووبلى رووسى

франк

فرانكى سويسى

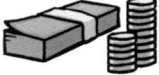

жэньминьби юань

يوان، يەكەى دراوى چينى

рупия

رووپييە

банкомат

مەكينەى پارە

пункт обмена валюты

واردەمۆینیڕگۆ گمینیسووون

золото

زیڕ

серебро

زیو

нефть

تۆمن

энергия

هزو

цена

خرن، بهما

договор

دامهنامەتنۆکئری

налог

باج

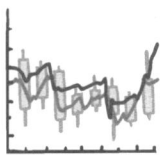

акция

مهام

работать

کارکردن

служащий

کارمهند، کارکمر

работодатель

خاوەنکار

фабрика

کارخانه

магазин

دووکان

милиционер
فەرمانبەری پۆلیس

пожарный
ناگرکووژئنەر

пилот
فڕۆکەوان

повар
چێشتلێنەر

врач
دکتۆر

садовник
باخەوان

столяр
دارتاش، مەرەنگوێز

швея
خەیاط

судья
دادوەر

химик
کیمیازان

актёр
شانۆگەر، شانۆکار

водитель автобуса

شوفيرى پاس

таксист

شوفير تاكسى

рыбак

ماسيگر

уборщица

كۈلفەت

кровельщик

وەستاى سەربان

официант

خزمەتكار

охотник

ﺋﺎﻭﭼﻰ

художник

بوياخچى

пекарь

نانكەر

электрик

كارەباچى

строитель

بەننا

инженер

ئەنازيار

мясник

قەساب

сантехник

وەستاى بورى

почтальон

پوستمچى

солдат

سەرباز

архитектор

نەخشەکێش

кассир

ژمێریار، خەزەندار

флорист

گوڵفرۆش

парикмахер

نار ایشگەر

кондуктор

گەیەننەر

механик

میکانیک

капитан

کەشتیوان

зубной врач

ددانساز، دوکتۆری ددان

ученый

زانا

раввин

مەڵای جوولەکان

имам

ئیمام

монах

کەسی ناینی

священник

قەشە

инструменты
ئامراز و کەرەستە

молоток
چەکووش
плоскогубцы
پلایز
отвёртка
پێچبادەر
гаечный ключ
جەرەبادەر
карманный фон
مەشخەڵ

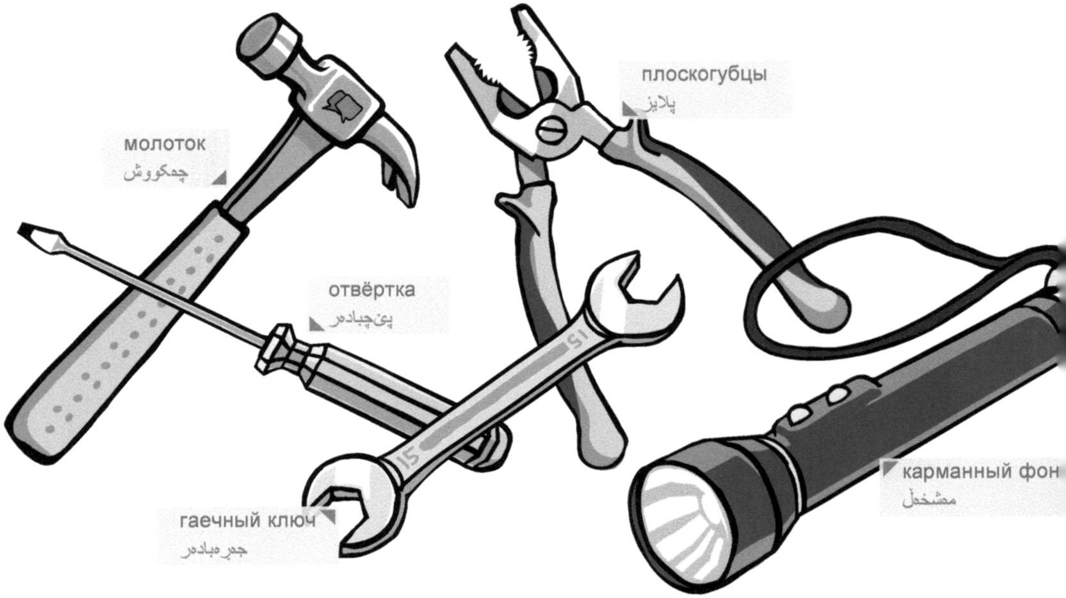

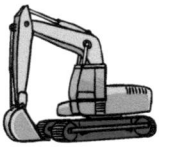

экскаватор

شۆفڵ

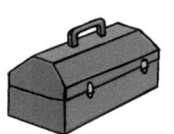

ящик для инструментов

سندووقی ئامراز

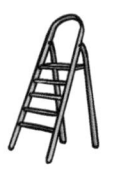

стремянка

پەیژە

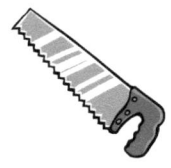

пила

مشار

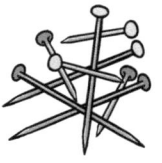

гвозди

بزمارەکان

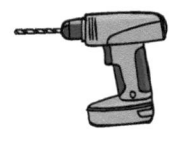

дрель

کونکەرە

ремонтировать

چاککردنەوە

лопата

پێکمەرە

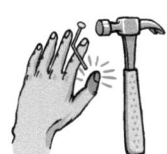

Блин!

نەفرەت!

совок

خاکماز

ведро с краской

قەتووى بۆیاخ

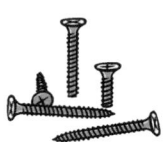

винты

پێچمکان، جەمرەکان

музыкальные инструменты

ئامێرەکانى مووزیک

громкоговоритель
قسەکەر، بڵندگۆ

ударный инструмент
تاقمێ تەپڵ

гитара
گیتار

контрабас
جۆرێ گیتار

труба
زوڕنا

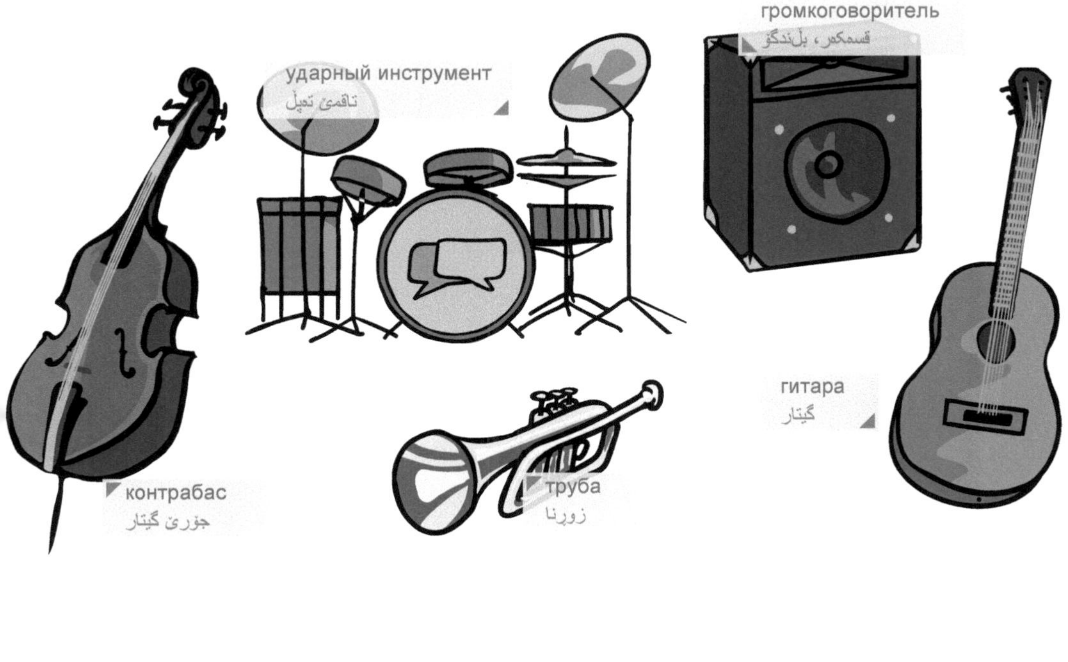

пианино

پیانۆ

скрипка

كەمانچە

бас-гитара

گیتار

литавры

دەهۆڵ

барабан

تەبڵ

синтезатор

تەمختەكليل

саксофон

ساكسافۆن

флейта

فلووت، شمشاڵ

микрофон

مايكرۆفۆن

ТИГР
پەلەڭ

ВХОД
ئالقەم، دەروازە

КЛЕТКА
قەپەز

ЗЕБРА
كەمكێوى

КОРМ
خوارىدنى ئاژەڵان

ПАНДА
ورچى پاندا

животные
ئاژەڵمكان

слон
فیل

кенгуру
كانگۇرۇ

носорог
كەركەدەن

горилла
گۇرىللا

медведь
ورچ

верблюд

وشتر

страус

وشترمریشک

лев

شێر

обезьяна

مەیموون

фламинго

فلامینگۆ

попугай

تووتی

белый медведь

ورچی جەمسەری

пингвин

پێنگوین

акула

قرش، سەگەماسی

павлин

تاووس

змея

مار

крокодил

تیمساح

служитель зоопарка

پارێزەری باخچەی ئاژەڵان

тюлень

سەگی دەریایی

ягуар

پلینگ

зоопарк - باخچەی ئاژەڵان

пони

ئەسپى قەزەم

леопард

پشیلەی پلینگی

бегемот

ئەسپى ناوى

жираф

زەرافە

орёл

هەلۇ

кабан

بەرازى كئوى

рыба

ماسى

черепаха

كیسەل

морж

والرۇس، نازەلئنكى دەریایى

лиса

رئوى

газель

ناسك

американский футбол
توپی‌پێی ئەمریکی

езда на велосипеде
دووچەرخەئی‌خورین

теннис
تێنیس

баскетбол
توپی باسکە

плавание
مەلەکردن

бокс
بۆکسین

хоккей
هۆکی سەر سەهۆڵ

футбол

فووتبۆل

бадминтон

بەدمینتۆن

лёгкая атлетика

وەرزشوان

гандбол

هەندبال

лыжный спорт

خلیسکێن

поло

پۆلۆ

действия

چالاکیەکان

смеяться
پێکەنین
прыгать
بازکردن
обнимать
لەباوەشگرتن، لەئامێزگرتن
идти
بەڕێداڕۆیشتن، پیاسەکردن
петь
گۆرانی خوێندن
мечтать
خەون دیتن، خەون بینین
молиться
پاڕانەوە، نوێژکردن
целовать
ماچکردن

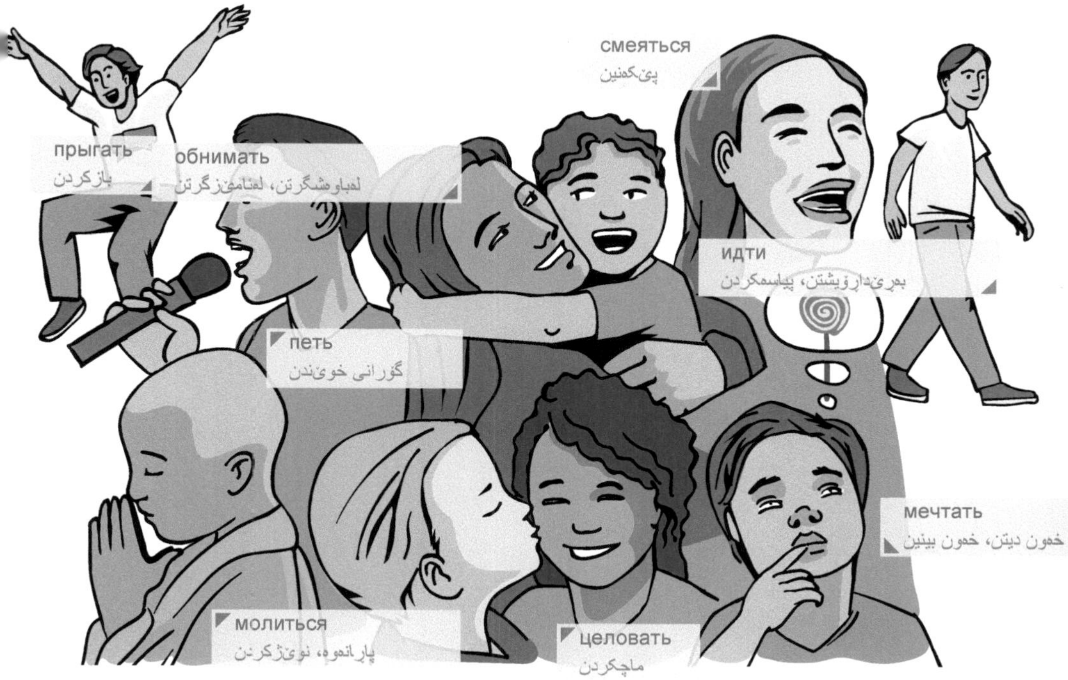

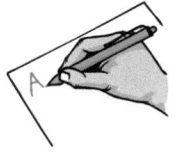

писать

نووسین

рисовать

وێنەکێشان

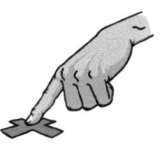

показывать

نیشاندان

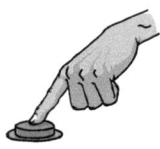

нажимать

پاڵ پێوەنان

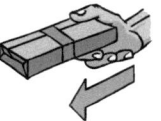

давать

دان

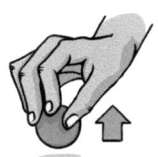

брать

هەڵگرتن

иметь

هەبوون

делать

كردن

быть

بوون

стоять

ڕاوەستان

бежать

هەڵاتن

тянуть

كێشان

бросать

هاویشتن

падать

كەوتن

лежать

درۆكردن

ждать

چاوەڕێبوون

носить

هەڵگرتن

сидеть

دانیشتن

надевать

جل لەبەركردن

спать

خەوتن

просыпаться

لەخەو هەستان

рассматривать

چاولێکردن

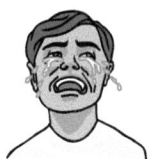

плакать

گریان

гладить

جەڵەتەڵەدان

причесывать

قژداهێنان، شانەکردن

говорить

قسەکردن

понимать

تێگەیشتن

спрашивать

پرسیارکردن، پرسین

слушать

گوێراگرتن

пить

خواردنەوە

кушать

خواردن

наводить порядок

رێکوپێک کردن

любить

خۆشویستن

готовить

چێش لێنان

ехать

شۆفێری یکردن

летать

فرین

ходить под парусом

کەشتیبوانی

считать

حساب کردن، ژماردن

читать

خوێندنەوە

учиться

فێربوون

работать

کارکردن

вступать в брак

زەماوەندکردن

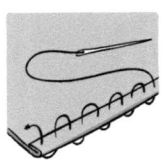

шить

دورین، دوروماڵکردن

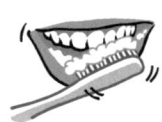

чистить зубы

فڵچە لەددان دان

убивать

کوشتن

курить

جگەرەمەکێشان

отправлять

ناردن

семья
بنەماڵە

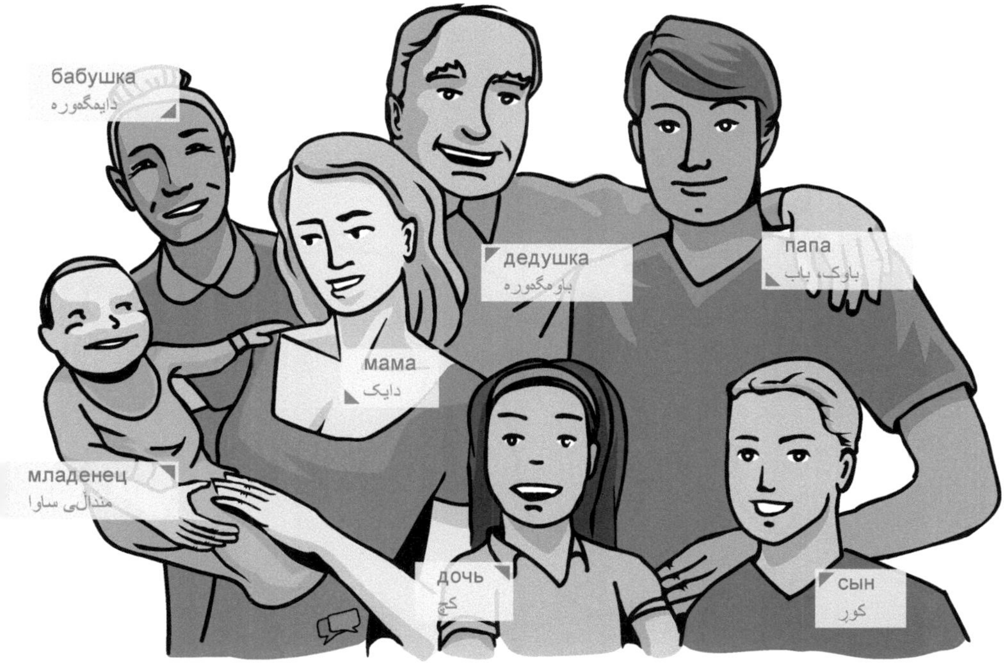
бабушка
دایکەورە
дедушка
باوەگەورە
папа
باوک، باب
мама
دایک
младенец
منداڵی ساوا
дочь
کچ
сын
کوڕ

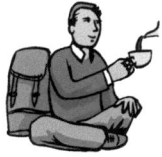

гость

میوان

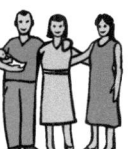

тетя

پوور

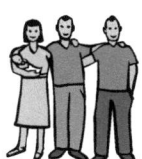

дядя

مام، خاڵ

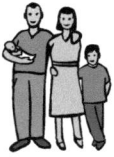

брат

برا

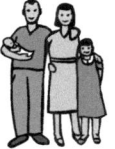

сестра

خوشک

тело

جەستە، لەش

лоб
ناوچاوان، توێڵ
глаз
چاو
плечо
شان
палец
قامک
лицо
دەموچاو، ڕوومەت
подбородок
چەنە
кисть
دەست
нога
لاق
грудь
سنگ
рука
باسک، قۆڵ

младенец

منداڵی ساوا

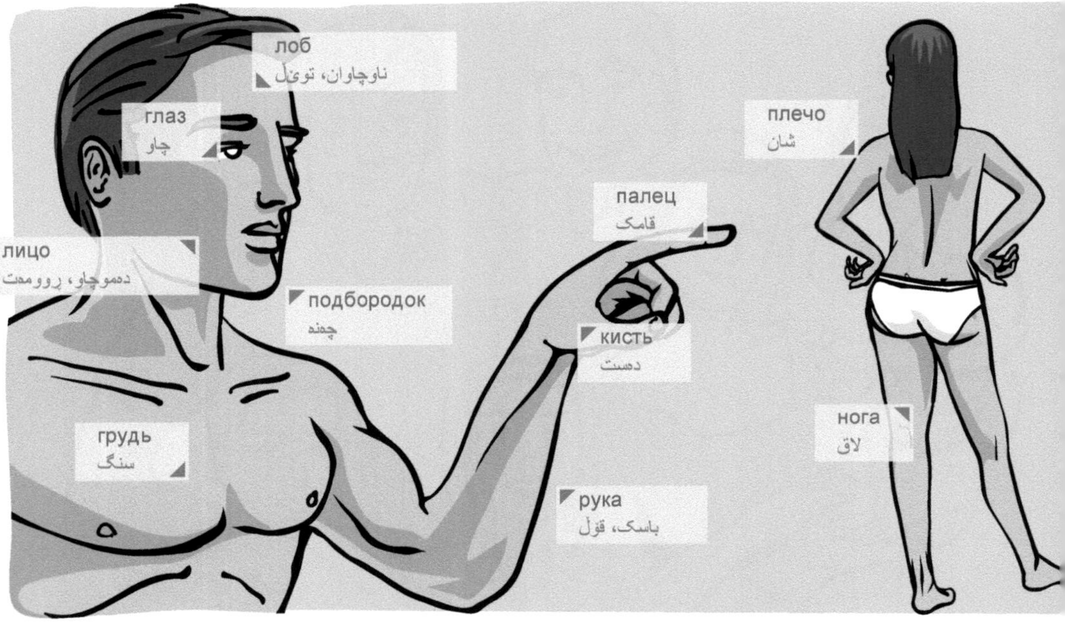

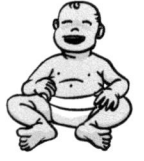

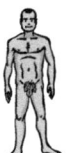

мужчина

پیاو

женщина

ژن

девочка

کچ

мальчик

کوڕ

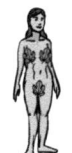

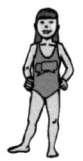

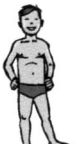

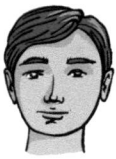

голова

سەر

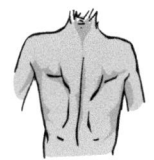

спина

پشت

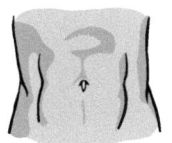

живот

زګ

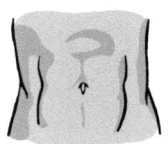

пупок

ناوک

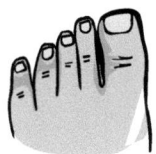

палец ноги

د پښې ګوته

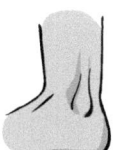

пятка

د پښې پاژنه

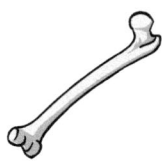

кость

هډوکی، هډوسک

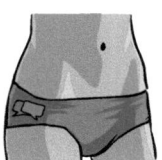

бедро

تمبه

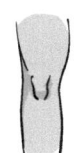

колено

زنګون

локоть

څنګل

нос

پوزه

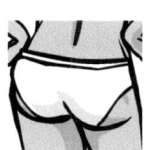

ягодицы

كوناټي

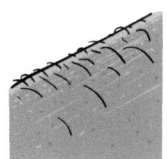

кожа

پوستکی

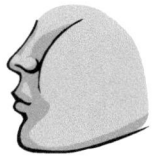

щека

ژامه

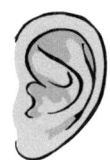

ухо

غوږ

губа

شونډه

рот

دهم، زار

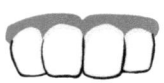

зуб

ددان

язык

زمان

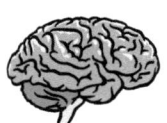

мозг

کشیم

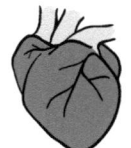

сердце

دل

мышца

ماسوولکه

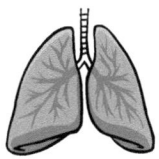

лёгкое

سیپملاک، سی

печень

جەرگ

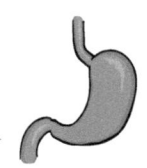

желудок

گەدە

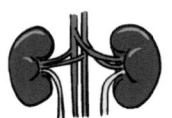

почки

گۆرچیلە

половой акт

سێکس

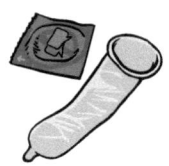

презерватив

کۆندۆم

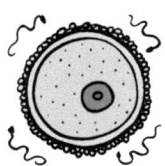

яйцеклетка

تۆو، گەرا

сперма

تۆو

беременность

دووگیانی

70

тело - لەش، جەستە

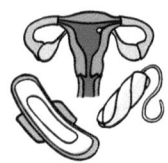

менструация

کەوتنە سەر خوێن

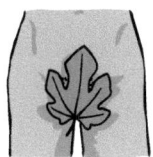

вагина

زێ

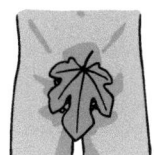

пенис

کێر

бровь

برۆ

волосы

قژ

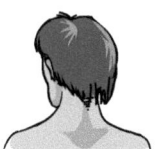

шея

مل

больница
نەخۆشخانە، خەستەخانە

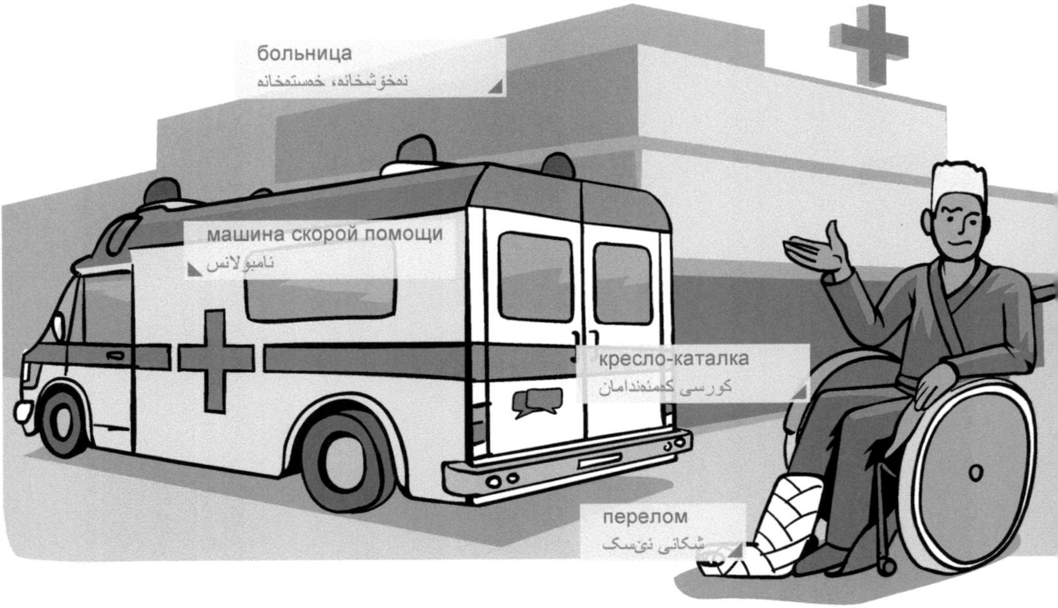

больница
نەخۆشخانە، خەستەخانە
машина скорой помощи
ئامبولانس
кресло-каталка
کورسی کەمئەندامان
перелом
شکانی ئێسک

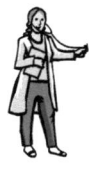

врач

دکتۆر

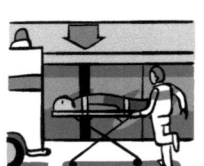

пункт первой помощи

ژووری فریاکەوتن

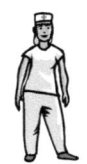

медсестра

نەخۆشوان

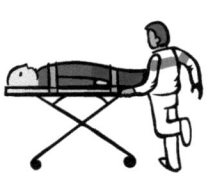

неотложный случай

ئورژانس، بەشی فریاکەوتن

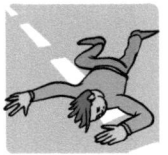

без сознания

بێهۆش

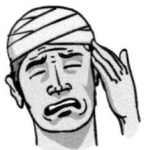

боль

ژان، ئێش

повреждение

بریندماری

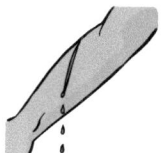

кровотечение

خوێنبەرێژی

инфаркт

جەڵتەی دڵ

инсульт

جەڵتە

аллергия

ئاڵێرژی، هەستیاری

кашель

کۆخە

повышенная температура

تا

грипп

هەنفلۆنزا

понос

زگچوون

головная боль

سەرێشە، ژانەسەر

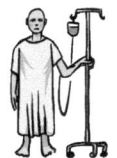

рак

سەرەتان

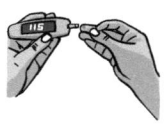

диабет

شەکرە

хирург

نەشتەرگەر

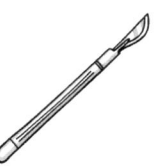

скальпель

نەشتەر، چەقۆی توێژکاری

операция

نەشتەرگەری

больница - نەخۆشخانە، خەستەخانە

КТ
CT

تېشكى نېكس

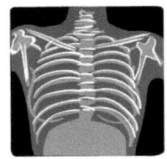

рентген

تېشكى نېكس

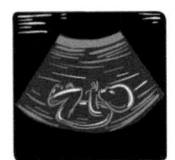

ультразвук

ئولتراساوند

маска

ماسكى روومەت

болезнь

نەخۇشى

приёмная

ژوورى چاوەروانبوون

костыль

گوچان

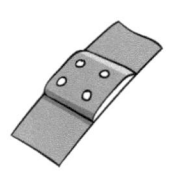

пластырь

مشمما

бинт

برين پێچ

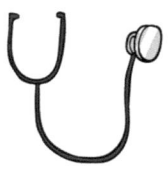

укол

دەرزى لێدان

стетоскоп

بيستۇكى پزيشك

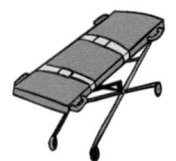

носилки

داربەست

термометр

گەرمايپێوى كلينيكى

рождение

لەدايكبوون

избыточный вес

زيادەكێشە/قەڵەوىبى

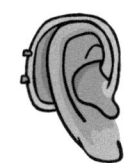

слуховой аппарат

بیستوک

дезинфекционное
средство

میکرۆبکوژ

инфекция

چلک

вирус

ویروس

ВИЧ / СПИД

زیدنێ

лекарство

دەرمان

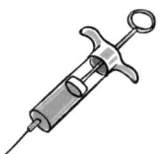

прививка

کوتان

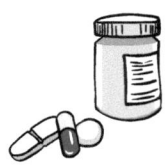

таблетки

حەب

противозачаточная
таблетка

حەب

экстренный вызов

تەلەفۆنی فریاکەوتن

прибор для измерения
кровяного давления

پێشانگەری پەستانی خوێن

больной / здоровый

نەخۆش / ساڵامەت

Помогите!

یارمەتی!

сигнал тревоги

ناگاداركردنەوە، نەلارم

нападение

دەستدرێژی

атака

هێرشكردن

опасность

مەترسی

запасной выход

چوونەدەرەومی ئورژانس

Пожар!

ناگر!

огнетушитель

ناگركوژێنەوه

несчастный случай

رووداو، پێشهات

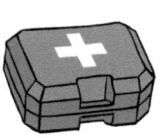

аптечка

قوتووی یارمەتی فریاکەوتن

SOS

SOS

милиция

پۆلیس

Европа

ئەورۆپا

Северная Америка

ئەمریكای باكوور

Южная Америка

ئەمریكارى باشوور

Африка

نافریقا

Азия

ناسیا

Австралия

ئوسترالیا

Атлантический океан

نەتڵەمسى، ئۆقیانووسى نەتڵەمسى

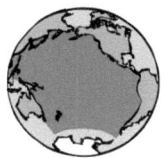

Тихий океан

زەریای ھێمن

Индийский океан

ئۆقیانووسى ھیندى

Антарктический океан

ئۆقیانووسى جەمسەرى باشوور

Северный Ледовитый океан

ئۆقیانووسى جەمسەرى باكوور

Северный полюс

جەمسەرى باكوور

Южный полюс

جەھەننەمى باشوور

Антарктика

ناواچمى جەھەننەمى باشوور

земля

نەرز، زەوى

суша

خاك، وشكانى

море

دەريا، زەريا

остров

دوورگە

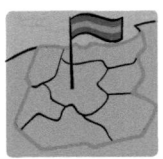

нация

گەل، نەتەوە

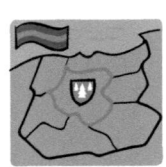

государство

ولأت، پارێزگا، دەولەت

циферблат

روخساری کاتژمێر

часовая стрелка

نیشاندەری کاتژمێر

минутная стрелка

نیشاندەری خولەک

секундная стрелка

دەستی دوو

Который час?

کاتژمێر چەندە؟، سەعات چەندە؟

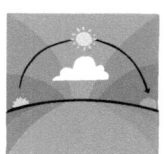

день

رۆژ

время

کات، زەمان

сейчас

ئێستا، هەنووکە

электронные часы

کاتژمێری دیجیتاڵی

минута

خولەک

час

کاتژمێر

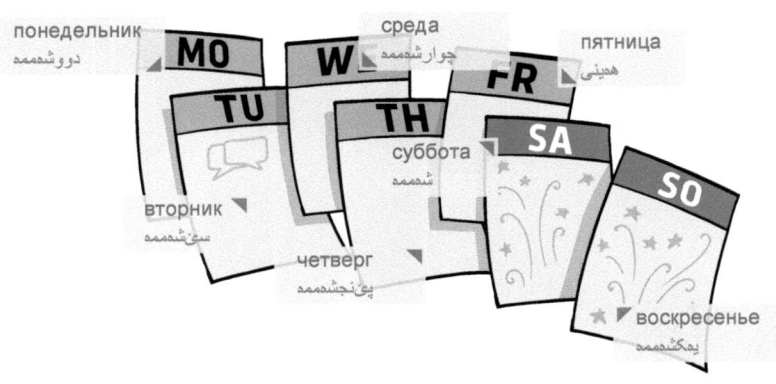

понедельник
دووشەممە

MO

вторник
سێشەممە

TU

среда
چوارشەممە

W

четверг
پێنجشەممە

TH

пятница
هەینی

FR

суббота
شەممە

SA

воскресенье
یەکشەممە

SO

вчера

دوێنێ

сегодня

ئەمرۆ، ئەمڕۆ

завтра

سبەینێ

утро

بەیانی

полдень

نیوەڕۆ

вечер

ئێوارە

MO	TU	WE	TH	FR	SA	SU
1	2	3	4	5	6	7
8	9	10	11	12	13	14
15	16	17	18	19	20	21
22	23	24	25	26	27	28
29	30	31	1	2	3	4

рабочие дни

رۆژی کار

MO	TU	WE	TH	FR	SA	SU
1	2	3	4	5	6	7
8	9	10	11	12	13	14
15	16	17	18	19	20	21
22	23	24	25	26	27	28
29	30	31	1	2	3	4

выходные

کۆتایی هەفتە

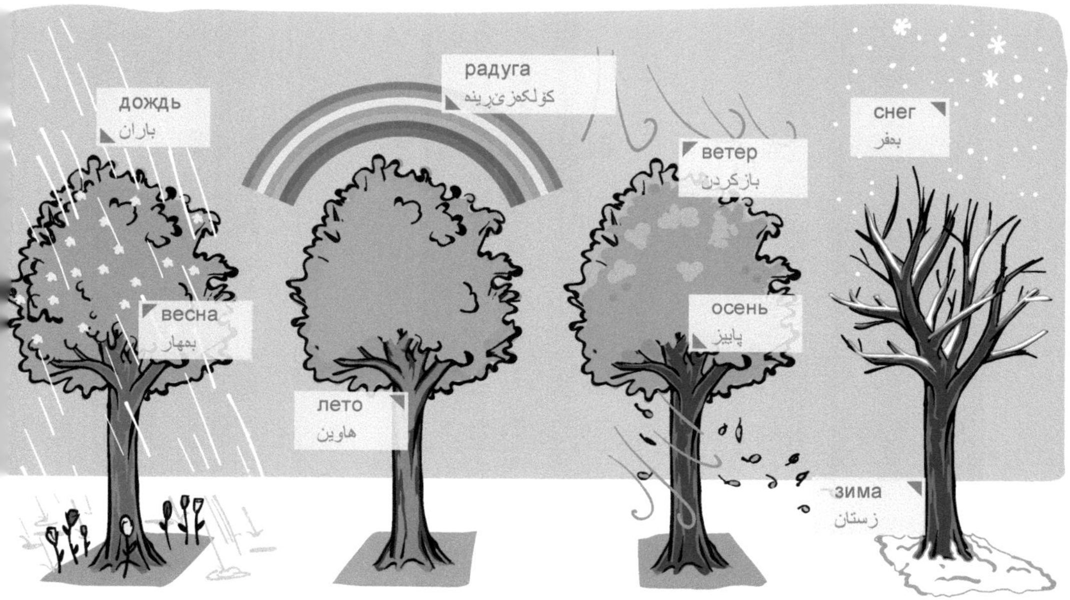

дождь
باران

радуга
کۆلکەزێرینە

ветер
بازکردن

снег
بەفر

весна
بەهار

осень
پاییز

лето
هاوین

зима
زستان

4.APRIL	11°	☀
5.APRIL	4°	☁
6.APRIL	13°	☁
7.APRIL	8°	☀
8.APRIL	10°	☀

прогноз погоды

پێشبینی هەوا

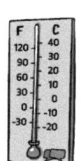

термометр

گەرماپێو

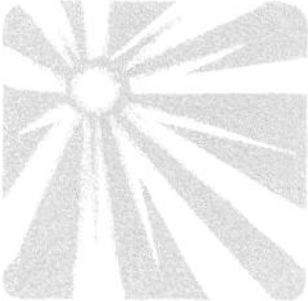

солнечный свет

خۆرەتاو

туча

هەور

туман

تەمومژ

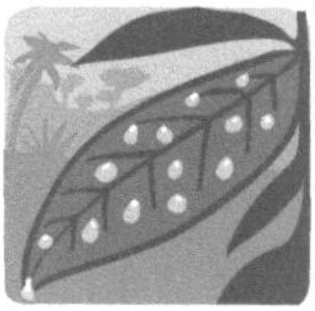

влажность воздуха

تەڕایی

молния

هەورەتریشقە، بروسکە

гром

هەورەگرمە

буря

باوبۆران، تۆفان

град

تەرزە

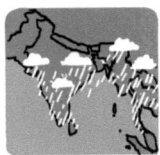

муссон

مانسوون

наводнение

لافاو

лёд

سەهۆڵ

январь

جانیومەری

февраль

فێبریومەری

март

مارچ

апрель

ئەپریل

май

مەی

июнь

جوون

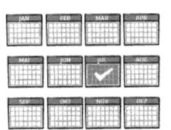

июль

جوولای

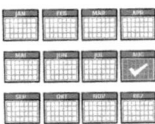

август

ئۆگۆست

сентябрь

سىئپتەمبەر

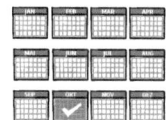

октябрь

ئۆكتۆبەر

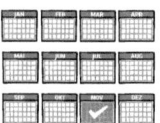

ноябрь

نۇقەمبەر

декабрь

دىئسەمبەر

формы

شىيئوەمكان

круг

بازنە

квадрат

چوارگۆشە

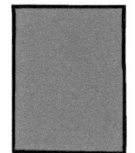

прямоугольник

چوارگۆشەی درێژ

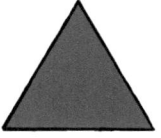

треугольник

سىئگۆشە

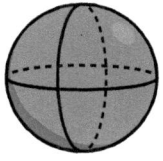

шар

تۆپ، گۆ

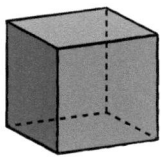

куб

خشتەمك

белый

سپی

желтый

زەرد

оранжевый

پرتەقاڵیی

розовый

پەمەیی

красный

سوور

лиловый

بنەوش

синий

شین

зелёный

سەوز

коричневый

قاوەیی

серый

بۆر

черный

رەش

много / мало

زۆر / کەم

яростный / мирный

تووڕە / لەسەرخۆ

красивый / уродливый

جوان / ناجوان

начало / конец

سەرەتا / کۆتایی

большой / маленький

گەورە / چکۆلە

светлый / темный

ڕووناک / تاریک

брат / сестра

برا / خوشک

чистый / грязный

خاوێن / چڵکن

полный / неполный

تەواو / ناتەواو

день / ночь

ڕۆژ / شەو

мёртвый / живой

مردوو / زیندوو

широкий / узкий

پان / تەنگ

съедобный / несъедобный

خۇش / ناخۇش

злой / дружелюбный

نمگريس / بمبزمىمى

взволнованный /
скучающий

وروژاو / بئژار

толстый / худой

قملهو / لاواز

сначала / в конце

يمكمم / ناخر

друг / враг

دۆست / دوژمن

полный / пустой

پر / خالْى

твёрдый / мягкий

رهق / نهرم

тяжёлый / легкий

قورس / سووك

голод / жажда

برسى / توونى

больной / здоровый

نمخۆش / سلْامممت

незаконный / законный

نایاسایى / ياسایى

умный / глупый

زیرهک / گهمژه

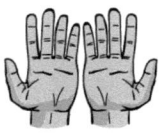

слева / справа

چهپ / راست

близко / далеко

نزیک / دوور

новый / подержанный

نوی / کۆن، بمکارهاتوو

ничто / нечто

هیچ شتێنک / شتێنک

старый / молодой

پیر / لاو

включено / выключено

هەڵکراو / کوژراوه

открыто / закрыто

کراوه / داخراو

тихо / громко

بێدەنگی / دەنگی بەرز

богатый / бедный

دەوڵەمەند / هەژار

правильный /
неправильный

ڕاست / هەڵه

шероховатый / гладкий

زبر / ساف

печальный / счастливый

خەمین / خۆشحاڵ

короткий / длинный

کورت / درێژ

медленный / быстрый

ئارام / خێرا

мокрый / сухой

تەڕ / وشک

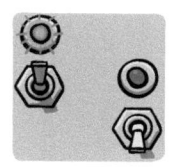

тёплый / прохладный

گەرم / فێنک

война / мир

شەڕ / ئاشتی

0

ноль

سیفر

1

один

یەک

2

два

دوو

3

три

سێ

4

четыре

چوار

5

пять

پێنج

6

шесть

شەش

7

семь

حەوت

8

восемь

هەشت

9

девять

نۆ

10

десять

دە

11

одиннадцать

یازدە

12

двенадцать

دوازده

13

тринадцать

سیزده

14

четырнадцать

چهارده

15

пятнадцать

پازده، پانزه

16

шестнадцать

شازده

17

семнадцать

حفده

18

восемнадцать

هژده

19

девятнадцать

نوزده

20

двадцать

بیست

100

сто

سد

1.000

тысяча

هزار

1.000.000

миллион

میلیون

английский

نینگلیزی

американский английский

نینگلیزی ی ئەمەریکی

мандаринский китайский

چینی ماندارین

хинди

هیندی

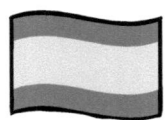

испанский

ئیسپانی

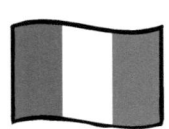

французский

فەرەنسی

арабский

عەرەبی

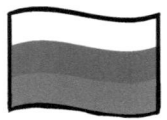

русский

رووسی

португальский

پۆرتوگالی

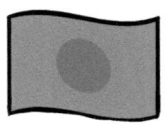

бенгальский

بەنگالی

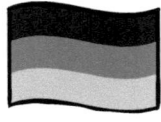

немецкий

ئەڵمانی

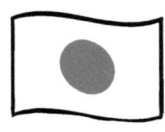

японский

ژاپۆنی

я

من

ты

تۆ

он / она / оно

ئەو

мы

ئێمە

вы

ئێوه

они

ئەوان

кто?

کێ؟

что?

چی؟

как?

چۆن؟

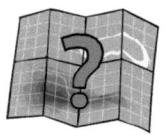

где?

لەکوێ؟

когда?

کەنگێ؟ کەی؟

имя

ناو

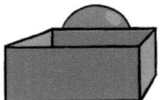

за

لەپشت

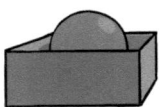

в

لە

перед

لەپێش

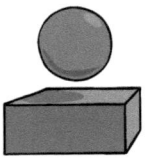

над

سەری

на

لەسەر

под

ژێر

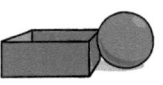

рядом

لە تەنیشت

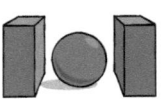

между

لەنێوان

место

شوێن، جێ